Catalogue

DE

TABLEAUX

DES ÉCOLES

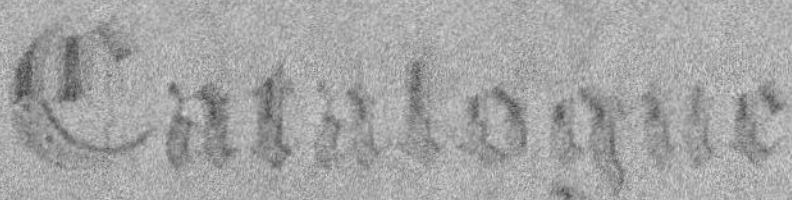

Flamande, Hollandaise, Espagnole, Italienne et Française,

ET DE DIVERS OBJETS PORCELAINES, BRONZES, ETC.

L'Exposition, qui aura lieu fossés de l'Intendance, Maison du Courrier de la Gironde, entrée rue du Chapelet, 2, commencera jeudi, 8 décembre et jours suivans, de midi à quatre heures.

LE CATALOGUE SE DISTRIBUE :

Chez MM. {
BARINCOU, rue Porte-Dijeaux,
FOULQUIER, rue Ste-Catherine, au Bazar-Bordelais.
GINTRAC, rue Buffon, 9.
P. FAYE, imprimeur-libraire, fossés de l'Intendance, 13.

1842.

— IMPRIMERIE DE P. FAYE. —

CATALOGUE

DE TABLEAUX

DES ÉCOLES

Flamande, Hollandaise, Espagnole, Italienne et Française,

ET DE DIVERS OBJETS PORCELAINES, BRONZES, ETC.

L'EXPOSITION, QUI AURA LIEU FOSSÉS DE L'INTENDANCE, MAISON DU

COURRIER DE LA GIRONDE,

Entrée rue du Chapelet, 2,

Commencera jeudi 8 décembre, et jours suivans, de midi à quatre heures.

LE CATALOGUE SE DISTRIBUE :

Chez MM.
BARINCOU, rue Porte-Dijeaux.
FOULQUIER, rue Ste-Catherine, au Bazar-Bordelais.
GINTRAC, rue Buffon, 9.
P. FAYE, imprimeur-libraire, fossés de l'Intendance, 15.

—

MDCCCXLII.

AVERTISSEMENT.

La Galerie du Château de la Sauque est assez connue ;
il suffit de donner ici quelques notions sur cette belle Collection.

Des arrangemens de famille obligent le propriétaire à se
séparer de cette Galerie de Tableaux, objet, non seulement
de ses soins journaliers, mais encore de sa prédilection
continuelle.

Cette Collection artistique, rassemblée à grands frais, tant
en France que dans les pays étrangers, offre aux amateurs,
par le choix et la variété des productions, une réunion aussi
riche qu'intéressante.

Quelques Tableaux capitaux, provenant de la Galerie des
Rois de Pologne, de la Galerie de Rosny ; des Toiles impor-
tantes par ou d'après différens maîtres, tels que le Guide,
Neestcher, Metzu, A. Carrache, Murillo, Gérar-Dow, Mié-
ris, Velasquez, Stella, Boucher, Ostade, Rubens, Peters-
Neef, Terburg, Greuze, dans l'école ancienne ; et dans
l'école moderne : Sheffer, Decamp, Isabey, Gudin, Boulan-
ger, Gericault, Lepaulle, Robert Fleury, Girodet, Gérard,
Johannot, assurent aux amateurs une facilité de choix dans
des Tableaux de premier ordre, comme aussi dans quel-
ques-uns des maîtres secondaires, difficiles à rencontrer
aujourd'hui.

ÉCOLES

ITALIENNE ET ESPAGNOLE.

GUIDO RENI DIT LE GUIDE.

Nº 1   LA MADELEINE EN ORAISON.

Ce tableau plein de fraîcheur et d'expression est précieux par la finesse du coloris et la transparence des chairs. Le Guide s'est plu à répéter plusieurs fois ce sujet. C'est une œuvre remarquable où l'on peut apprécier les riches qualités de cet artiste habile.

ANNIBAL CARRACHE.

2   LE CHRIST EN HUMILITÉ.

Jésus-Christ exposé aux regards du peuple est insulté par un soldat qui le regarde d'un air moqueur. Style noble, coloris vigoureux, belle entente du clair obscur, dessin pur. La tête du Christ est sublime ; celle du soldat, quoique vue presque par derrière, est pleine d'expression.

Collection de Sully, 1769.

GIAMPOLO PANNINI (GENRE DE).

3   PAYSAGE AVEC FIGURES.

Assise à l'ombre de grands arbres, une compagnie prend une collation et semble se livrer à la joie. Dans le fond du tableau, un pâtre conduit son troupeau ; l'horizon est borné par de riches habitations. Belle composition. Les fabriques et les plis du terrain rappellent les fonds de Claude.

Collection du roi de Pologne.

JACOPO ROBUSTI DIT LE TINTORET.

N°s 4 ÉRECTION DE LA CROIX.

Belle esquisse largement conçue, exécution tellement facile qu'on peut regarder ce tableau comme une improvisation.

Collection du roi de Pologne.

GUIDO CAULASSI.

6 JEUNE VIERGE EN PRIÈRE.

Une jeune fille, coiffée d'un turban, les mains croisées sur la poitrine. Expression, coloris, pureté de dessin, rendent cette tête fort agréable. Les mains sont très belles ; on ne peut reprocher à ce charmant tableau qu'un peu de mollesse dans les ajustemens.

ANDRÉ SCHACCHI.

7 VÉNUS PORTANT LES ARMES DE MARS.

DOLCÉ (CARLO).

62 LA MADELEINE PÉNITENTE.

Les yeux baissés, la chevelure éparse sur ses épaules, la Madeleine prie et tient une croix dans ses mains.

Galerie du roi de Pologne.

RIBERRA.

76 ST-JÉROME DANS LA GROTTE.

St-Jérôme, les yeux tournés vers le Christ qu'il tient de la main gauche, serre dans sa main droite la pierre, instrument du supplice qu'il s'inflige. Aux second et troisième plans, un livre ouvert et un chapeau de Cardinal posé à terre.

La pureté du dessin, la beauté du coloris, l'expression de la figure, ont mis cette toile au rang des œuvres capitales de l'auteur.

MURILLO.

Nᵒˢ 91 St-Pierre.

St-Pierre est représenté la tête nue, une clé à la main.

Cette production remarquable mérite à tous égards de fixer l'attention des connaisseurs.

MURILLO (attribué a).

92 Une sainte famille.

Une mendiante conduisant son enfant, tend la main à un ermite. Une femme paraît engager l'ermite à l'assister.

VELASQUEZ (attribué a).

8 Repos de la sainte famille.

La Vierge tient l'enfant Jésus sur ses genoux; deux femmes lui offrent du lait et des fruits. Des chérubins et des anges entourent ce groupe; St-Joseph paraît dans le fond. Riche composition, touche suave, belle distribution de lumière.

MURILLO.

9 La Crèche.

Ce charmant tableau est remarquable par son brillant coloris et la simplicité de son exécution. C'est une admirable production.

Collection du prince de la Paix, 1809.

RIBERA dit l'Espagnolet (attribué a).

10 Un Vieillard lisant a la lueur d'une lampe.

Effet de lumière.

PAUL VÉRONÈSE.

Nᵒˢ 11 DEUX BELLES TÊTES D'ÉTUDE.

Le précieux fini de ces deux têtes fait présumer que ce tableau est un fragment d'une plus grande composition.

Collection du roi de Pologne.

JACOPO CHIMENTI DA EMPOLI.

63 LA VIERGE, L'ENFANT JÉSUS, ST-JEAN ET STE-ELISABETH.

La Vierge tient l'enfant Jésus sur ses genoux; Saint-Jean lui présente une croix en roseaux. Sainte-Elisabeth est agenouillée au pied de ce groupe. Composition pleine de douceur et de grace.

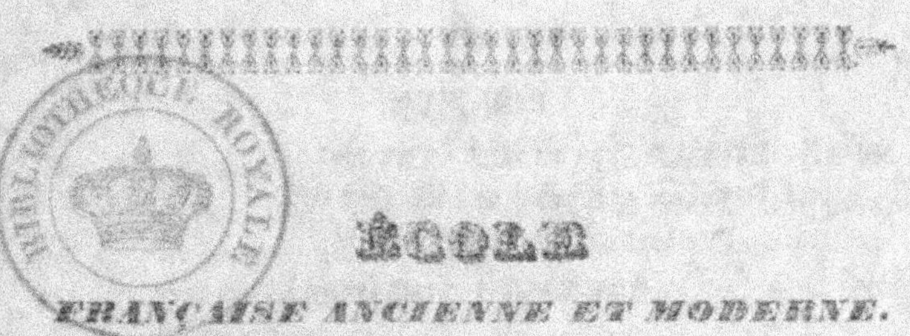

ÉCOLE
FRANÇAISE ANCIENNE ET MODERNE.

JACQUES STELLA.

N° 12   PAYSAGE AVEC FIGURES.

Sur le bord d'un ruisseau, des femmes s'amusent à pêcher; une d'elles tient une ligne et vient de prendre un poisson; une autre déjà nue, vient de quitter ses habillemens faits de riches étoffes et se dispose à se mettre au bain. Plus loin, un groupe d'arbres très-touffus; au fond, des montagnes et de l'eau.

Belle et riche composition digne en tout du Poussin. Les figures sont gracieuses et finies, le dessin très-correct. C'est incontestablement une des belles productions de Stella, collection de Robit. — 1801.

EUGÈNE DELACROIX.

13   LE CHÂTEAU EST EN FEU, QUE FAIRE POUR NOUS SAUVER!

Ivanhoë blessé cherche à se soulever, il s'appuye sur une main pour découvrir l'incendie du château. Rébecca devant la croisée, exprime, dans sa pose, toute l'horreur du danger qui les environne.

Ce tableau est admirable, magnifique de couleur et de détails. — Salon de 1829.

BLANDIN.

14   LE REPOS DU CHASSEUR.
Salon 1831.

BOUCHER.

N° 15   Paysage avec fabriques et figures.

16   Paysage avec figures et animaux.

Pendant du tableau précédent.

REGNAULT (genre de).

17   Mars et Vénus.

Mars et Vénus sont assis sur le pied d'un lit de repos, entourés de riches draperies; l'Amour est à leurs pieds.

LANCRET.

18
18 *bis*   Femmes a leur toilette.

Une d'elles vient de se laver les pieds; l'autre, qui est nue, se regarde entre deux miroirs.

BOULANGER.

19   Fontaine de Jouvence.

Ce tableau, répétition de celui du Luxembourg, est d'une riche composition et d'une belle couleur.

FRAGONARD.

20   La femme a la gimbelette.

Cette belle esquisse, d'une idée originale, est largement faite; elle a été gravée sous le titre de la femme à la gimbelette.

21   Une mendiante avec un enfant (Rome).
Étude.

22   Le pot au lait.

Une paysanne en jouant avec un berger, a renversé son pot au lait; elle est couchée par terre et n'a plus de défense; un gros chien accourt à son secours.

Paysage et figure facilement touchés, composition plus burlesque que gracieuse.

DORCY.

N⁰ 5 SCÈNE ÉCOSSAISE.

Une jeune femme couchée dans une grotte, paraît livrée au sommeil; un Écossais enveloppé dans son tartan, est assis sur la pointe du rocher, les yeux fixés dans le lointain.

Ce tableau beau de couleur, est d'une jolie facture.

SCHEFFER.

23 MORT DU PAPE GANGANELLI.

Le pape Ganganelli avait aboli l'ordre des Jésuites. Au lit de mort, son ministre lui révèle qu'il appartient lui-même à cet ordre, et que c'est en vain qu'il a cru l'abolir.

Ce tableau est exécuté avec une savante simplicité; les deux figures sont également belles.

Salon de 1826.

24 ANNE D'AUTRICHE (Esquisse).

Le cardinal de Retz vient dire à Anne d'Autriche que le peuple exige la mise en liberté des membres du parlement que Mazarin avait fait arrêter.

25 FRAGMENT DU TABLEAU DE CHARLOTTE CORDAY.

Étude du grand tableau de la Galerie du Palais-Royal.

26 LAURENT DE GANGANELLI APPRENANT DE MISS JENNY C. QU'IL EST AIMÉ D'ELLE.

Jugez de l'excès de mon malheur, c'est un être insensible que j'aime. C'est un orgueilleux armé contre la nature et la raison; un prêtre, que le sentiment qui me tue, ferait rougir. Oh! ne lui dites jamais, au nom du ciel, au nom de la pitié! Il le sait murmure-t-elle, il vient de l'apprendre!... Puisses-tu concevoir les angoises qui me précipitent au tombeau.

Cette peinture, d'une suavité douloureuse, impressionne vivement. (gravé)

ROBERT LEFEBVRE.

N° 27   ARCHIMÈDE (Esquisse).
Il est assis sur un rocher au bord de la mer.

DECAMP.

28   LE BRACONNIER A CHEVAL.
Un vieux Braconnier, armé de son fusil, suit à cheval la lisière d'un bois. — Salon 1834.

29   LA BUCHERONNE.
Une vieille femme sortant d'un bois, porte un fagot qu'elle vient d'y ramasser. — Salon 1835.

EUGÈNE ISABEY.

30   LE GALÉRIEN.
Etude d'après nature. — Salon 1835.

31   ETUDE DE MARINE.

32   ETUDE DE MARINE.
Pendant du précédent. — Salon 1830.

LEPAULLE.

33   CHEVAUX EN LIBERTÉ.
Étude d'après nature. — Salon 1830.

34   FANTAISIE ORIENTALE.
Cette petite esquisse est faite avec grace et finesse.

35   UNE TÊTE D'ODALISQUE.

37   UNE TÊTE DE CHIEN D'APRÈS NATURE.

FORTIN.

39   INTÉRIEUR D'ÉTABLE.
Tableau vigoureusement touché. — Salon de 1836

SALTERS.

Nᵒˢ 40   UNE TÊTE D'ARABE.

Étude d'après nature.

CHASSERIEAU.

41   LE RETOUR DE L'ENFANT PRODIGUE.

L'enfant prodigue presque nu, les yeux mouillés des larmes du repentir, s'approche de son père qui lui tend les bras avec bonté. — Salon de 1836.

THÉODORE GÉRICAULT.

42   ÉTUDE DE CHEVAUX.

Un cavalier autrichien monté sur un cheval, en tient un autre par la bride.

89   DEUX TÈTES DE CHEVAUX AVEC HUSSARDS.

Esquisse admirable, vigoureuse, pleine de verve, grande facilité d'exécution. Ces deux productions d'un grand peintre, mort trop jeune et qui a peu fait, doivent appeler l'attention des connaisseurs.

ROBERT FLEURY.

43   DEUX ENFANS JOUANT AVEC UN OISEAU.

Ce tableau, plein de grace et de naïveté, est remarquable par le choix d'expression des têtes et la belle harmonie des couleurs. — Salon de 1832.

P. CHARDIN.

44   LA FAMILLE DE L'ARTISTE.

Dans un atelier de peinture, le maître, en robe de chambre, donne des avis à son élève qui dessine devant un tableau. D'un autre côté, plusieurs enfans jouent avec des modèles et des couleurs.

J. B. GREUSE.

N 45 LA FAMILLE DE L'ARTISAN.

Charmant tableau où l'on retrouve toute la touche gracieuse de l'auteur. Rien n'est plus joli, plus simple, n
plus légèrement touché que les figures de ce tableau.

PINGRET.

47 LE CZAR PIERRE-LE-GRAND A ST-CYR.

Le Czar Pierre-le-Grand s'approche du lit de mort
de Mme de Maintenon; il écarte les rideaux pour la voir;
à peine l'a-t-il aperçue qu'il s'éloigne sans lui adresser
la parole. — Salon 1829. (Gravé.)

MALLET.

48 LES CONSEILS.

Deux jeunes femmes assises près l'une de l'autre,
s'entretiennent avec intérêt. Ce petit tableau est fait
avec soin. (Gravé.)

INCONNU.

49 PORTRAIT DE VAN DICK.

ANNE-LOUIS GIRODET ERIOSON.

50 PORTRAIT DE LEPELLETIER SAINT-FARGEAU, Membre
de la convention nationale.—(Cabinet deM. Gérard).

EMILE GARBET.

51 PAYSAGE ET MARINE DANS LE GENRE FLAMAND.

CLÉMENT BOULANGER.

52 SUJET TIRÉ DE WALTER-SCOTT.

Un cavalier, monté sur un cheval gris pommelé, de-
mande son chemin à une petite fille près la maison d'un
paysan. Le cheval est d'Horace Vernet.—Belle esquisse.
salon 1829.

Nᵒˢ 53 SUJET TIRÉ DE WALTER SCOTT.

Un jeune chasseur vient offrir à une dame le produit de sa chasse qu'il dépose sur un banc au bas d'une fenêtre sur laquelle est appuyée la dame.

L. MAYER.

55 VÉNUS ET LES TROIS GRACES.

Copie de Raphaël, faite à Rome.

BARON GÉRARD.

56 PORTRAIT D'ALEXANDRE, EMPEREUR DE RUSSIE.

Ce portrait d'une vigueur remarquable et d'après nature, représente Alexandre tel qu'il était en 1814. Il avait été peint pour la galerie de l'Elysée. L'on y reconnait la touche hardie de ce grand maitre.

VIENNOT.

36 UNE MADELEINE.

Les cheveux épars; plusieurs bijoux sont jetés à ses pieds à côté d'une tête de mort.

TONNY JOHANNOT.

38 Mᵐᵉ DE LA VALLIÈRE AU BALCON DE VERSAILLES, ATTEND LE RETOUR DE LOUIS XIV.

Ce tableau est charmant; les ajustemens d'une richesse et d'un fini admirable.

FRANCIS.

82 L'ABREUVOIR.

Le premier plan de ce tableau ne laisse rien à désirer. Les chevaux et leur conducteur d'une belle facture, et les eaux habilement rendues.

GOUREAU.

83 VUE D'UNE FERME SUISSE.

GUDIN.

Nᵒˢ 84 Marine qui appellera l'attention des connaisseurs.

WATHIER.

85 Contes de Bocace.

Ce charmant petit tableau rappelle la jolie manière de Wateau.

BOUTON.

87 Intérieur de cloitre.

LEMERCIER.

88 Le Petit Savoyard.

STEUBEN.

54 Portrait de M. A.

ÉCOLES
FLAMANDE ET HOLLANDAISE.

ISAAC VAN OSTADE (ATTRIBUÉ A).

N°° 57   UN PAYSAN TIENT UN CAHIER DE MUSIQUE ET CHANTE.

Il est accompagné par un jeune enfant paysan qui souffle dans une cornemuse.

58   LES MUSICIENS AMBULANS.

Des Chanteurs portant des instrumens s'arrêtent pour en jouer devant une chaumière à la porte de laquelle sont plusieurs villageois.

PIERRE-PAUL RUBENS.

59   PORTRAIT D'ÉCHEVIN.

Il est vêtu de noir et a la tête découverte. Ce portrait est remarquable par sa touche hardie. Grande facilité d'exécution.

JOSEPH VAN CRUESBECKE.

60   INTÉRIEUR DE CUISINE.

Une Cuisinière entourée de plusieurs ustensiles.

VAN UDEN (GENRE DE).

61   PAYSAGE ET ANIMAUX.

Un Pâtre conduit un troupeau de vaches et de moutons à l'entrée d'un bois touffu.

MARTIN DE VOSS.

Nᵒˢ 64 LA REINE BLANCHE LAVANT LES PIEDS D'UN PAUVRE.

Belle exécution, richesse de coloris et de dessin; draperies brillantes

65 PORTRAIT DE LA REINE ELISABETH DE HONGRIE.

DAVID TÉNIERS.

66 UN INTÉRIEUR FLAMAND.

Un paysan à cheval sur un banc, tient une pipe à la main; deux autres figures sont dans le fond. Ce petit tableau porte bien le cachet des tableaux dits : *Déjeuners de Teniers*. Il est malheureux qu'il ne soit pas entièrement terminé.

CUTEMARDE.

67 UN INTÉRIEUR FLAMAND.

Un Buveur, assis près d'une table, vient d'allumer sa pipe qu'il fume en buvant.

Ce tableau fait pendant du précédent.

RUBENS (ATTRIBUÉ A)

67 LES TROIS GRACES.

TICHBEIN.

68 UN HOMME APPUYÉ SUR LE DEVANT D'UNE FENÊTRE.

Il est vêtu d'une robe de chambre et coiffé d'un bonnet; un pot de fleurs est à côté de lui.

Coloris frais et vigoureux, touche facile. L'aspect de ce tableau est très agréable et la pose naturelle.

JACQUES RUYSDAEL.

69 PAYSAGE.

Plus heurté que plusieurs de ses petits tableaux, celui-ci n'en a pas moins toutes les brillantes qualités qui distinguent cet habile paysagiste.

PETERS NEEFS.

N°ˢ 70 Intérieur d'Église.

Architecture bien dessinée, détails très-achevés, figures bien touchées. Ce tableau est remarquable et gagne à être examiné avec soin.

BLOUM.

71 Paysage, Figures et Animaux.
72 Paysage, Figures et Animaux.

Brillant coloris. Les figures sont dignes de Berghem.

BERNARD VAN ORLAY.

73 Un Christ en Croix, Ste-Madeleine a ses pieds.

Coloris vrai et vigoureux, expression frappante, fini précieux. Ce tableau est digne de Raphaël; Van Orlay est un de ses disciples les plus habiles.

VAN DICK (genre de).

74 Le Christ au Tombeau.

On pourrait attribuer ce tableau à Seghers.

FRANÇOIS VAN MIERIS dit LE VIEUX.

75 La Marchande de légumes.

Auprès d'une marchande assise au pied d'un arbre, sont étalés par terre des légumes et des herbes de différentes espèces. Une dame vêtue d'étoffes de soie et de fourrures, lui présente une pièce de monnaie. Une autre figure de femme par derrière. Sur le devant du tableau un piédestal en marbre, avec un bas-relief représentant des amours.

Ce délicieux tableau est remarquable par sa finesse et sa conservation.

SYNDERS (genre de).

N°s 77 Un vieillard taillant une plume.

Il est assis devant une table et vu de profil; il tient le bec de sa plume sur son pouce et s'apprête à le couper. Bon tableau plein de vérité et d'observation.

KLENGEL.

78 Un taureau couché dans une prairie.

Touche fine et légère, nature bien observée.

79 Paysage et animaux.

Pendant du précédent.

GABRIEL METZU.

80 L'ouvrière en dentelle.

Une femme occupée à faire de la dentelle, assise auprès d'une table sur laquelle est un tapis et un vase. Un tablier de toile blanche couvre sa robe. Demi figure exécutée avec beaucoup de finesse et de soins.

JACQUES JORDAENS.

81 Le Chimiste dans son laboratoire.

Il est devant un fourneau, une toeque sur la tête et vêtu d'une grande robe noire. Il tient une pince et prend un charbon embrâsé dans le fourneau.

INCONNU.

90 Saint-Jérome.

GÉRARD DOW.

93 La Double Surprise.

Une servante descendue à la cave, après avoir posé sa lanterne, s'approche d'un tonneau pour y remplir un verre qu'elle tient à la main. Elle est surprise par son maître à l'instant où elle va boire. Le joyeux vieillard, la main sur ses épaules, lui sourit. Dans le fond du tableau, sur la porte de la cave, paraît sa femme tenant un flambeau.

Ces effets de lumière sont du plus bel effet et habilement disposés. Les détails de ce joli tableau ne laissent rien à désirer. Il est parfait de couleurs et de conservation. (Gravé.)

BRAWER.

N.º 86 SCÈNE DE CABARET.

GIRARD TERBURG.

94 UN CAVALIER LE VERRE A LA MAIN.

Il est coiffé d'un grand feutre à plumes, ses cheveux sont flottans et tombent sur sa cuirasse. La lumière est bien distribuée dans ce tableau, les ombres sont transparentes, les accessoires bien touchés. Toutes les qualités de Terburg y sont réunies.—Collection de Vanleyden (Amsterdam).

DESSINS ET AQUARELLES.

FRAGONARD.

Nᵒˢ 1   L'ORIGINE DE LA PEINTURE. (Estompes).

BOUCHER.

2   CAVALIER JOUANT DES TIMBALES.
3   CAVALIER JOUANT DE LA TROMPETTE.   } Sépia.

HORACE VERNET.

4   DÉFENSE D'UNE REDOUTE PAR DES SOLDATS ESPAGNOLS
      ET DES MOINES. (Croquis).

5
6   Plusieurs Dessins : Boucher, Wateau, Bellanger,
7   Carle Vernet, Horace Vernet, Géricault, Camille
9   Roqueplan, Charlet.

GÉRICAULT.

8   DEUX PERSANS. (Aquarelle).

SWEBAC.

11   CHARGE DE CAVALERIE.
12   UNE JUMENT ET SON POULAIN.   } Fixé.

DECAMP.

13   UN ARABE (Aquarelle).

EUG. DELACROIX.

14   FAUST, sujet fantastique. (Aquarelle).

FINART.

Nᵒˢ 15 CAVALIERS ARABES (aquarelle).
16 CHARGE DE HUSSARD   (id.)

DURAND.

17 VUE D'UNE ÉGLISE, dessin à la mine de plomb.

ROQUEMONT.

18 MARINE. (aquarelle).
19 VUE D'UN PONT. (aquarelle.)

INCONNU.

20 INTÉRIEUR D'UNE ÉGLISE. (aquarelle.)

PAUL VÉRONÈSE.

21 COMBAT A LA FONTAINE. (esquisse.)

LEROY.

22
23
24 Jolis dessins au crayon rouge.
25

INCONNU.

26
27 Deux dessins. (estompes.)

INCONNU.

28 Aquarelle.

SWEBAC.

29 UNE CHASSE, départ.
30 UNE CHASSE, retour.

31
32 Deux peintures chinoises.

GREUZE.

N° 33   La Mère, l'Enfant et le Petit Chien.

ELISE BOULANGER.

»   Deux aquarelles en feuilles.

MINIATURES.

29   Mme du Chatelet , par Mignard. (De la Galerie de
        Mme la Duchesse de Berry.)
30   Le prince de Ligne.
31   Portrait.
32   Portrait.
33   Portrait.

BRONZE FLORENTIN.

Groupe de Psyché et l'Amour.

GRAVURES.

31 }
32 }   Musée de l'Amateur.

73   Musée de l'Amateur.
36   Lithographie Bourgeoise, duchesse de berry
37   Galerie de la duchesse de Berry.
38   Album de l'Amateur.
35   Alken's illustration, duchesse de Berry.
43   Gravures de Raphael (Études)

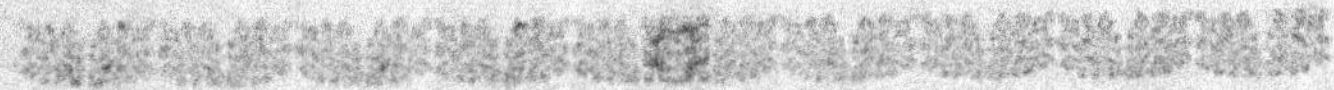

OBJETS D'ARTS - PORCELAINES.

Nᵒˢ 1   Boîte sensitive, filagramme doré.

   3   Statuettes chinoises.

   4   Deux vide-poches Saxe, montés sur cuivre.

   5   Brûle-parfums, porcelaine de Saxe, avec figures et fleurs; coupe Onyx, montée sur cuivre (provenant de la Duchesse de Berry.

   7   Guéridon, peintures sur verre, monté sur cuivre (siècle de Louis XV).

   8   Vase de Saxe à fleurs, monté sur cuivre.

   9   Vase porcelaine biscuit (bas relief antique).

  10   Deux groupes porcelaine de Saxe, sur cuivre.

  11   Deux candélabres rocaille, Saxe, avec cavaliers, montés sur cuivre.

  12   Quatre statuettes Saxe (Musiciens).

  13   Deux statuettes Saxe.

  14   Deux groupes statuettes Saxe.

  15   Un panier rocaille.

  16   Service chinois, six tasses et leurs soucoupes, cafetière et pot au lait.

  17   Brûle-parfums avec coffre ciselé d'érable et trois flacons.

  18   Brûle-parfums, porcelaine rocaille.

  19   Deux buires porcelaine de Saxe, rocaille

  20   Deux pots avec couvercles, Japon.

  21   Six pots à crème, porcelaine de Saxe.

Nᵒˢ 22 Théière, pot au lait, monture argent, et deux tasses
porcelaine chinoise.

23 Trois assiettes chinoises.

24 Groupe porcelaine de Saxe, monté sur cuivre.

25 Pot de terre.

26 Paon en cuivre doré.

27 Deux statuettes, ivoire, le pêcheur et sa femme.

28 Buste en marbre, attribué à Canova.

29 Buste du roi des Moluques avec incrustation de pierres
(Siècle Louis XV).

30 Pomme de canne ciselée.

31 Déjeûner, porcelaine de Sèvres.

32 Vase de porcelaine Chine, grand modèle, (provenant de
la galerie du roi de Pologne)

33 Deux grands cornets dentelés, porcelaine de Chine,
(provenant de la galerie du roi de Pologne).

34 Armoire ébène, (siècle Louis XV), provenant de la
comtesse Dubarry.

35 Armoire ébène, (Siècle Louis XV).

Ces deux armoires sont avec filets, figures et incrus-
tations de cuivre.

BORDEAUX,
Imprimerie de P. FAYE, fossés de l'Intendance, 15.